Inhaltsverze

Erklärung der Lautschrift

Vokale

[i]	ici	geschlossenes i
[e]	léger	geschlossenes e
[ɛ]	sec, père, tête, lait, neige	offenes e
[a]	patte, noix	helles a
[ɑ]	âme, phrase	dunkles a
[o]	pot, dôme, taupe, beau	geschlossenes o
[ɔ]	poche, Laure	offenes o
[ø]	peu, nœud	geschlossenes ö
[œ]	seul, cœur	offenes ö
[ə]	que, dehors, petit, temple	kurzes, dumpfes ö (e caduc, e instable, e muet)
[u]	souci	geschlossenes u
[y]	usure, sûr	geschlossenes ü
[ɛ̃]	vin, impair, plainte, bien	nasales e
[ɑ̃]	dans, lampe, entrer, embêter	nasales a
[ɔ̃]	ton, pompe	nasales o
[œ̃]	lundi, parfum	nasales œ

Halbvokale (Halbkonsonanten)

[j]	bien, abeille	j-Laut
[w]	Louis, trois	gleitendes u
[ɥ]	lui, nuage	gleitendes ü

Konsonanten

[p]	pont, apporter	stimmloser p-Laut, ohne Behauchung
[t]	ton, thé, patte	stimmloser t-Laut, ohne Behauchung
[k]	cou, qui, chaos, képi	stimmloser k-Laut, ohne Behauchung
[b]	robe, abbé	(„weicher“) b-Laut
[d]	dans	(„weicher“) d-Laut
[g]	gant, gueule	(„weicher“) g-Laut
[f]	neuf, photo	f-Laut
[s]	son, tasse, ces, ça, section	stimmloser s-Laut
[ʃ]	chou, tache	(stimmloser) sch-Laut
[v]	vent, rive	w-Laut
[z]	rose, zéro	stimmhafter s-Laut
[ʒ]	jour, cage, gilet	stimmhafter sch-Laut
[l]	long, aller	l-Laut
[ʀ]	rue, barre, verve	stark geriebenes Zäpfchen-R
[m]	mes, femme	m-Laut
[n]	nom, année	n-Laut
[ɲ]	gagner, vigne	nj-Laut
[ŋ]	camping	ng-Laut

Mortel repas

Vorwort

« L'appétit vient en mangeant », der Appetit kommt beim Essen. Lassen Sie sich im Restaurant *Au Moulin-à-Vent* kulinarisch verwöhnen, mit einem Prickeln im Bauch. Denn Sie wissen schon jetzt : Es wird eine tödliche Mahlzeit geben.

Bon appétit.

Die Hauptpersonen dieser Geschichte sind:

Monsieur et Madame Passion
Sie besitzen das Restaurant *Au Moulin-à-Vent*, in dem sich merkwürdige Vorfälle ereignen.

Gaston Jeunesse
Kellner. Er arbeitet über 20 Jahre im Restaurant.

Monsieur Pierre und Monsieur André
Beide sind im Ruhestand und spielen gern Karten.

Rita
Sie liebt Hunde. Sie erlebt einen Schock.

Jeannette
Eine interessante Frau.

Abélard de Grippesous
Ein eher unangenehmer Zeitgenosse.

Monsieur Sétout
Kommissar. Er soll einen Mord aufklären.

Ort der Handlung: Paris, XV. Bezirk, rue de la Sablonnière
Zeit der Handlung: ab dem 3. Donnerstag im November bis Dezember, kurz vor Weihnachten.

Chapitre I

– « Bonsoir M. Pierre, Bonsoir M. André ! »
– « B'soir M. Gaston ! Vous allez bien aujourd'hui ? » demande André au serveur du restaurant.
– « Oui, comme d'habitude ! J'vous donne pas la carte aujourd'hui, le patron a préparé un petit menu pour aller avec le beaujolais nouveau puisque aujourd'hui c'est le troisième jeudi de novembre … **une petite merveille** ! Je ne vous raconte pas … **Vous lui faites confiance**, hein ? »
– « Ça va nous faire oublier le mauvais temps … il fait aussi froid qu'en février. » répond Pierre.
– « C'est surtout la pluie et le vent … » ajoute Rita, assise à la table voisine avec sa **chienne** Nénette, sur les genoux.
– « Regardez, elle **a sali** toute ma jupe … » Nénette est belle comme pour un dimanche et pourtant c'est jeudi ! Elle a un superbe **nœud** rouge sur la tête, de la même couleur que la jupe de Mlle Rita.

Les clients, tous des **habitués**, commencent vraiment à parler de la pluie et du beau temps. Ils sourient des touristes allemands, au fond de la salle, qui boivent une bière en choisissant leur menu.

Le patron arrive, un beaujolais nouveau sur un plateau.

– « Bonsoir m'sieur Passion » **lancent** les clients !
– « Bonsoir tout le monde … allez, aujourd'hui, **c'est ma tournée** ! Mais juste pour les amis … **Un petit coup** de

---

une petite merveille [yn p(ə)tit mɛʀvɛj] ein kleines Wunder **Vous lui faites confiance ?** [vu lɥi fɛt kɔ̃fjɑ̃s] Haben Sie Vertrauen ? **chienne** [ʃjɛn] Hündin **a sali** [a sali] hat schmutzig gemacht **nœud** [nø] Schleife **habitués** [abitɥe] Stammgäste **lancent** [lɑ̃s] sagen laut durch den Raum **c'est ma tournée** [sɛ ma tuʀne] das ist meine Runde **un petit coup** [œ̃ p(ə)ti ku] ein kleiner Schluck

beaujolais nouveau comme apéritif… Il vient juste d'arriver, **je** le **goûte** avec vous!» annonce le patron du restaurant et s'assied à la table des vieux clients.

Quelques tables plus loin, Gaston Jeunesse, le serveur, s'approche des touristes:

– «Vous avez choisi Messieurs Dames?»
– «Oui, presque… On prend **le menu conseillé**… mais c'est quoi «un graton»?»
– «un graton?… Ah! Un gratin dauphinois! Oui, ce sont des pommes de terre avec de la crème fraîche, sans fromage – le fromage c'est dans le gratin savoyard. C'est **cuit au four**. C'est la spécialité du patron… Es schmeckt gut!»
– «Oh, Sie sprechen Deutsch?»
– «Ein bisschen, isch 'abe gelernt in 'annover». Alors… vous prenez le gratin?»
– «Bien sûr! Et comme vin, qu'est-ce que vous nous conseillez?»
– «M. Passion va venir à votre table, il s'occupe de la **cave**. C'est un grand spécialiste, il a même écrit un livre sur le beaujolais. Il est **Lyonnais**, alors vous comprenez… Je l'appelle!»

---

je goûte [ʒə gut] ich probiere **le menu conseillé** [lə məny kɔ̃seje] das empfohlene Menü **cuit au four** [kɥi o fuʀ] im Ofen gebacken **cave** [kav] Weinkeller **Lyonnais** [ljɔnɛ] aus Lyon stammend. (*Hauptstadt des Départements „Rhône" 415 500 Einwohner*)

Au Moulin à Vent

Menu conseillé à 25,00 €*

6 Huîtres fine de claire ou
Terrine de légumes sauce tomate

Rumsteck béarnaise ou
Gigot d'agneau rôti

Gratin dauphinois ou
Légumes assortis

Corbeille de fruits ou
Glaces maison

Menu touristique à 40,00 €*

Foie Gras ou
Langoustines mayonnaise

Magret de canard au cassis ou
Bavette à l'échalote

Plateau de fromages

Tarte Tatin ou
Omelette Norvégienne

---

* Nos menus sont servis toutes taxes comprises et service compris

Chapitre II

– « Gaston, qu'est-ce qu'il nous a fait de bon, le patron, aujourd'hui ? » demande Abélard de Grippesous. C'est un des clients qui vient régulièrement mais pas tous les jours.

– « Laissez-vous **surprendre** … ou alors, prenez la carte … elle est derrière vous » répond le serveur.

Grippesous porte des grandes lunettes sur son gros nez. Il pose son **chapeau de feutre** sur la chaise à côté de lui, près de son **écharpe de soie** rouge. Il est toujours élégant avec son costume gris-trois pièces qui essaie de cacher son **ventre** de gourmet ! C'est un homme riche, ça se voit mais il choisit toujours les menus les moins chers. Il est arrogant et ne parle pratiquement qu'avec M. Passion.

– « Bonjour M. de Grippesous, les affaires vont comme vous voulez ? » l'interroge le patron.

– « Oh ! Vous êtes bien **curieux**, Passion » répond M. de Grippesous.

– « Quelle **poussière** ! Ils nous **démolissent** tout notre quartier, bientôt notre rue **n'existera plus** … **plus de rue** de la Sablonnière. Ma voisine a déjà déménagé … c'est triste. » dit Rita.

– « Tous les vieux de notre âge s'en vont … ils déménagent … ils vont en province … chez leurs enfants … ou dans les **maisons de retraite** … » dit André.

---

surprendre [syʀpʀɑ̃dʀ] überraschen **chapeau de feutre** [ʃapo də føtʀ] Filzhut **écharpe de soie** [eʃaʀp də swa] Halstuch aus Seide **ventre** [vɑ̃tʀ] Bauch **curieux** [kyʀjø] neugierig **poussière** [pusjɛʀ] Staub **démolissent** [demɔlis] reißen … ab **n'existera plus** [nɛgzistəra ply] wird nicht mehr existieren **plus de rue** [ply də ry] die Straße ist abgerissen worden **maisons de retraite** [mɛzɔ̃ / mezɔ̃ də ʀ(ə)tʀɛt] Altersheime

– « Et il y a tous ceux qui **meurent de chagrin** parce qu'ils ont quitté leur quartier et leurs amis » ajoute Sylviane qui **supporte mal la solitude**.
– « Pourquoi on rénove toujours tout ? Il est beau comme ça notre quartier ! Il a une atmosphère … Et puis, c'est trop cher quand les appartements sont rénovés … » dit André.
– « Mais non, c'est que nos **retraites** sont trop maigres ! » constate Pierre.
– « Patron, apportez-nous un bon rouge et parlons de choses plus **gaies** » propose Rita qui d'habitude préfère le blanc.

Chapitre III

– « C'est bon ? » demande M. Pierre à son vieil ami André.
– « Oui, très bon. **Tu te souviens** de l'anniversaire d'Annie ? Le **gigot** que nous avons mangé … » Il s'arrête de parler.
– « Qu'est-ce que tu as ? » s'inquiète Pierre.
– « Je ne sais pas, je ne me sens pas bi … » Il ne finit pas sa phrase. Au bout de quelques secondes, il dit : « Un verre d'eau », sa voix **tremble**, il s'essuie le **front** avec sa serviette, il pose sa main droite sur son cœur. Il est tout blanc. Il a froid et chaud en même temps. Il a du mal à **respirer**.
– « **J'ai terriblement envie de vomir** … », c'est tout ce qu'il peut dire. Sa tête tombe sur la table.

Cinq minutes plus tard, une ambulance s'arrête devant l'entrée du restaurant. Deux hommes habillés en blanc

---

mourir de chagrin [muʀiʀ də ʃagʀɛ̃] vor Kummer sterben **supporte mal la solitude** [sypɔʀtə mal la sɔlityd] verträgt schlecht die Einsamkeit **retraites** [ʀ(ə)tʀɛt] Renten **gaies** [gɛ] fröhlich **Tu te souviens** [ty tə suvjɛ̃] erinnerst du dich **gigot** [ʒigo] Lammkeule **tremble** [tʀɑ̃bl] zittert **front** [fʀɔ̃] Stirn **respirer** [ʀɛspiʀe] atmen **J'ai terriblement envie de vomir** [ʒɛ teʀibləmɑ̃ ɑ̃vi də vɔmiʀ] mir ist furchtbar übel

se précipitent dans le « Moulin-à-Vent » avec une civière et emmènent André.

Une demi-heure plus tard, une seconde ambulance vient chercher un autre habitué. Le petit chien de Rita, assis sur ses genoux, se met à **hurler**, il **mord** sa maîtresse à la main et tombe par terre **raide** ... Rita a des crampes dans le ventre. Personne ne sait si elle ne se sent pas bien ou si elle a peur pour Nénette.

Vers minuit, Pierre apprend par le médecin de service qu'André a été **empoisonné**. « Ce n'est pas grave, ses jours ne sont pas en danger mais il faudrait qu'il **reste en observation** jusqu'à samedi ... »

Les clients du restaurant ont perdu l'appétit, personne n'a le cœur à continuer à faire la fête. Un sentiment de panique s'installe.

Chapitre IV

Les Passion passent **une nuit blanche**. Ils se font déjà du souci à cause de leur restaurant et les **événements** de jeudi soir ne leur facilitent pas la vie. Ils ne voient pas leur avenir en rose.

Ils se lèvent à 8 heures. Mme Passion prépare un café très fort. M. Passion descend chercher le courrier. Il revient avec une enveloppe, sans adresse, sans rien. Curieux, il l'ouvre.

---

se précipitent [sə presipitə] stürzen sich **hurler** ['yʀle] heulen **mord** [mɔʀ] beißt **raide** [ʀɛd] steif **empoisonné** [ɑ̃pwazɔne] vergiftet **rester en observation** [ʀɛste ɑ̃ ɔpsɛʀvasjɔ̃] unter Beobachtung bleiben **une nuit blanche** [yn nɥi blɑ̃ʃ] schlaflose Nacht **événements** [evɛnmɑ̃] Ereignisse

Une feuille tombe par terre. M. Passion la relève. Il lit à haute voix :

Hier, c'était un avertissement. Payez 20 000 € sinon … Pas de police. Autres instructions suivent …

- « Hier … un **avertissement** ? …Qui **peut bien nous vouloir du mal** ? » demande Mme Passion à son mari, » on s'entend avec tout le monde, **on ne fait de tort à personne** …» Son mari l'**interrompt** :
- « Attends, pas si vite … Réfléchissons. D'abord, qui a mis le **poison** dans les **assiettes** ? Ensuite, comment ? Tu sais, on fait comme ça dans les films et les romans policiers, il faut poser les bonnes questions au bon moment »
- « Moi, je n'aime pas les « **polars** », ça me fait **peur** … Alors … le boucher peut-être … dans la viande » **ose** dire Odette Passion.
- « C'est idiot, il fait de bonnes affaires avec nous … Les autres **fournisseurs** … Non, c'est complètement impossible » répond M. Passion.
- « Le plus simple, c'est le cuisinier … mais il mange comme les clients … l'**apprenti** aussi et puis **ils perdraient** leur travail … Non, non et non, ils n'en sont pas **capables** … » réfléchit Mme Passion, à haute voix. « Ou Gaston … mais il travaille depuis 20 ans chez nous … Il fait pratiquement partie de la famille … et André c'est un ami à lui presque … Empoisonner un ami ? »

---

avertissement [avɛʀtismɑ̃] Warnung **peut bien nous vouloir du mal** [pø bjɛ̃ nu vulwaʀ dy mal] wünscht uns was Schlechtes **on ne fait de tort à personne** [ɔ̃ nə fɛ də tɔʀ a pɛʀsɔn] wir schaden niemandem **interrompt** [ɛ̃teʀɔ̃] unterbricht **poison** [pwazɔ̃] Gift **assiette(s)** [asjɛt] Teller **polars** [pɔlaʀ] Krimis **peur** [pœʀ] Angst **ose** [oz] wagt **fournisseurs** [fuʀnisœʀ] Lieferanten **apprenti** [apʀɑ̃ti] Lehrling **ils perdraient …** [il pɛʀdʀɛ] sie würden … verlieren **capable(s)** [kapabl] fähig

– « Remarque, on ne connaît pas sa vie privée … mais lui aussi, il perdrait sa place … Quand même, je suis sûr que c'est quelqu'un qui connaît notre situation financière », continue M. Passion. « Mais pourquoi, Odette, dis-moi pourquoi ? C'est ça la vraie question ! »
– « Tu veux dire le motif ? Oui, parce que 20000 €, c'est notre ruine … c'est la **disparition** du « Moulin-à-Vent » » Odette Passion commence à pleurer. « Que faire … C'est terrible de **soupçonner** tout le monde … »
– « Tu sais Odette, on ne paie pas. » dit M. Passion d'un ton **décidé**. Une idée prend forme dans sa tête …

Chapitre V

Les jours passent. Le calme est revenu au restaurant. L'euphorie de l'arrivée du beaujolais nouveau est passée. M. Pierre et M. André ont retrouvé leur appétit et ils jouent aux **dés** ensemble ou aux cartes. Rita ne vient plus, sa copine Mme Sylviane est seule devant son petit blanc, elle parle à Jeannette, un **travesti** qui est concierge **rue de la Croix-Nivert** – ça lui permet d'avoir un appartement bon marché … Et **il fait des ménages** le jour. La nuit, il sort beaucoup.

Mme Passion se trouve, comme d'habitude, derrière la caisse. Elle est très bien **coiffée**, très bien **maquillée**, a mis tous ses **bijoux** et chantonne, comme elle l'a toujours fait. C'est une petite femme rondelette **qui ne paraît pas ses 63**

---

disparition [disparisjɔ̃] Verschwinden, Tod **soupçonner** [supsɔne] verdächtigen **décidé** [deside] entschlossen **dé(s)** [de] Würfel **travesti** [tʀavɛsti] Transvestit **rue de la Croix-Nivert** [ʀy də la kʀwa nivɛʀ] *Straße im XV. Bezirk* **il fait des ménages** [il fɛ de menaʒ] er geht putzen **coiffée** [kwafe] frisiert **maquillée** [makije] geschminkt **bijoux** [biʒu] Schmuck **qui ne paraît pas ses 63 ans** [ki nə paʀɛ pɑ se swasɑ̃t tʀwɑzɑ̃] die nicht wie 63 aussieht

ans. À côté d'elle, Grisette s'est installée confortablement sur une chaise, la petite chatte sait très bien qu'elle n'a pas le droit de se promener dans la salle du restaurant.

Il fait froid, l'hiver s'annonce. Les touristes qui viennent d'un hôtel à côté, **rue Cambronne**, sont rares. Ce n'est pas la saison pour visiter Paris.

Chapitre VI

Au Moulin-à-Vent, les clients se sentent bien. **Le cliquetis des fourchettes et des couteaux** remplit le restaurant. Le bruit agréable des conversations se fait entendre comme une **musique de fond**. On a l'impression d'assister à un concert dont l'orchestre se compose de **voix**. Les clients sont contents, l'équipe du restaurant l'est aussi.

Sylviane se lève brusquement. D'un pas **chancelant**, elle va vers les toilettes. Il lui est difficile de **se tenir debout**, c'est évident. Cinq minutes plus tard, elle revient à peine reconnaissable. Lentement, elle prend place à table.

– « Qu'est-ce qui vous est arrivé ? Vous avez mauvaisemine. Est-ce que je peux faire quelque chose pour vous ? » **s'inquiète** un jeune homme assis en face d'elle.

Les autres clients n'ont rien remarqué. Soudain, un verre tombe par terre, le bruit fait **taire** un moment les mangeurs ; les conversations recommencent, peu après.

---

rue Cambronne [ʀy kɑ̃bʀɔn] *Straße im XV. Bezirk* **Le cliquetis des fourchettes et des couteaux** [lə klik(ə)ti de fuʀʃɛt e de kuto] das Klappern der Gabeln und Messer **musique de fond** [myzik də fɔ̃] Hintergrundmusik **voix** [vwɑ] Stimmen **chancelant** [ʃɑ̃s(ə)lɑ̃] wackelig **se tenir debout** [sə t(ə)niʀ d(ə)bu] sich aufrecht halten **s'inquiète** [sɛ̃kjɛt] fragt beunruhigt **taire** [tɛʀ] schweigen

Pierre essaie de se lever. Il **s'appuie** de ses deux mains sur la table. Des **perles de sueur** coulent sur son visage, devenu pâle. Debout, il perd ses forces. Il tombe en avant, sa tête dans l'assiette.

Cette fois M. Passion appelle le **SAMU** et la police. Mme Passion, elle, est prise d'une crise de nerfs. Son mari sourit comme quelqu'un qui **a résolu un problème**.

Chapitre VII

Le lendemain, les Passion reçoivent la visite du commissaire Sétout, un homme jovial, grand : 1,85 m. Il porte un pull par dessus une chemise et une cravate dont les couleurs ne vont pas ensemble. Quand on le regarde de plus près, on voit qu'il porte une perruque. Impossible de lui donner un âge : 45, 50, 60 ans ?

Ses yeux marron fixent les Passion à travers ses lunettes qui glissent et qu'il remonte toujours **en plissant le nez**, c'est son tic. Il commence tout de suite l'**enquête**.

– « Racontez-moi en détail tout ce qui s'est passé » dit-il à M. Passion qui lui fait aussitôt le récit des événements. Il lui montre aussi la **demande de rançon**.
– « Faites-moi aussi une liste des noms de votre personnel, de vos clients qui fréquentent régulièrement votre restaurant. »

---

s'appuie [sapɥi] stützt sich **perles de sueur** [pɛʀl də sɥœʀ] Schweißperlen **SAMU** [samy] **Service d'Assistance Médicale d'Urgence** Notdienst **(qui) a résolu un problème** [ki a ʀezɔly œ̃ pʀɔblɛm] ein Problem gelöst hat **en plissant le nez** [ɑ̃ plisɑ̃ lə ne] die Nase rümpfend **enquête** [ɑ̃kɛt] Ermittlung(en) **demande de rançon** [d(ə)mɑ̃d də ʀɑ̃sɔ̃] Erpressungsbrief

– « Vous ne voulez pas dire, tout de même, que … » commence M. Passion.
– « Passez me voir, cet après-midi, dans mon bureau … Pour l'instant, c'est tout.» coupe Marc Sétout et remonte ses lunettes en plissant le nez. Il reprend son **imperméable** beige et quitte d'un pas lent le restaurant.

Chapitre VIII

Le commissaire Sétout est en train de fumer un cigare lorsque quelqu'un frappe à la porte de son bureau.
– « Entrez ! » C'est M. Passion qui apporte la liste demandée, « asseyez-vous, monsieur, s'il vous plaît.»
Le commissaire lit la liste attentivement.
– « En principe toutes les personnes de la liste sont **suspectes** », dit-il d'un ton songeur.
– « Vous n'êtes pas sérieux commissaire, ce sont tous presque des amis … » dit M. Passion.
– « Ils ont tous eu la possibilité de mettre du **poison** dans les assiettes. Mais pour l'instant, je ne vois pas de motif. Je vais **comparer** ces noms avec ceux de notre **fichier**. Après, **on verra**. »
– « Et moi, qu'est-ce que je fais ? Mon restaurant … ma **réputation** … » s'inquiète le restaurateur.

---

imperméable [ɛ̃pɛʀmeabl] Regenmantel **suspectes** [syspɛkt] verdächtig **poison** [pwazɔ̃] Gift **comparer** [kɔ̃paʀe] vergleichen **fichier** [fiʃje] Kartei **on verra** [ɔ̃ veʀa] wir werden sehen **réputation** [ʀepytasjɔ̃] Ruf

- « D'accord, je vous comprends … pour ne pas perdre de temps et … pour voir plus clair, je vous fais une proposition.»
- «Je vous écoute, une solution … » **se réjouit** déjà M. Passion.
- « **J'ai décidé** de venir passer quelques soirées, au Moulin-à-Vent. Je vais **observer** les gens, voir si quelqu'un se conduit de façon suspecte.»
- « Votre idée me plaît. Tout en travaillant, vous allez pouvoir **apprécier** la cuisine lyonnaise. Vous savez, je suis de **Villefranche-sur-Saône** … Vous pouvez amener madame votre femme, si vous voulez … Vous êtes bien sûr nos invités » répond M. Passion enthousiasmé.
- « Merci, mais je suis **célibataire** … je n'ai pas le droit d'accepter votre proposition. En service, je ne peux pas accepter, vous comprenez … mais quand l'enquête **sera close** … alors avec le plus grand plaisir. » regrette le commissaire.
- « C'est dommage … Vous commencez quand ? » demande le restaurateur.
- « Demain, ne perdons pas de temps, l'affaire est grave … Bien sûr, cette mission est secrète, n'en parlez à personne. Au revoir M. Passion et bien le bonjour à votre charmante femme. » dit le commissaire en tendant la main à M. Passion.
- « Au revoir commissaire et bonne chance ! » M. Passion sourit, « ça commence bien », pense-t-il.

---

se réjouit [sə ʀeʒwi] freut sich **j'ai décidé** [ʒɛ deside] ich habe beschlossen **observer** [ɔpsɛʀve] beobachten **apprécier** [apʀesje] *hier*: genießen **Villefranche-sur-Saône** [vil fʀɑ̃ʃ syʀ sɔn] *Stadt in der Nähe von Lyon* **célibataire** [selibatɛʀ] ledig **sera close** [səʀa kloz] abgeschlossen sein wird

Chapitre IX ||||| ||

La première semaine de décembre se passe sans problèmes. Les habitués se retrouvent régulièrement et se racontent leurs projets pour les fêtes de fin d'année. Ils mangent de l'**oie** ou de la **dinde aux marrons** comme le veut la tradition. Grippesous prend rapidement la carte pour ne pas parler aux autres clients.

– « Passion, venez voir … Conseillez-moi. Qu'est-ce que vous avez de meilleur. Bien entendu à un prix raisonnable, ce n'est pas encore le **réveillon** ! »

M. Passion arrive et propose :

– « J'ai une **soupe de légumes** … un poème ! Et puis, après … j'ai un **coq au vin** … au Brouilly, c'est ma spécialité, d'ailleurs je vous conseille de prendre un « Côtes de Brouilly », il a trois ans … Il est juste bon … C'est celui que j'ai pris pour la sauce.» s'enthousiasme le patron, **grand amateur de vin**.
– « Passion, mais votre coq est cher ! Beaucoup trop cher ! » constate Grippesous en regardant la carte, « Alors, je prends une carafe d'eau … »
– « Comme ça, c'est **gratuit** » commente un habitué qui n'aime pas ce vieil homme antipathique.
– « Vous n'allez pas faire ça, M. de Grippesous, c'est dommage … » Passion est **découragé devant tant d'avarice**.

---

oie [wa] Gans **dinde aux marrons** [dɛ̃d o marɔ̃] Pute mit Esskastanien **réveillon** [revɛjɔ̃] *hier*: Festessen an Heiligabend **soupe de légumes** [sup də legym] Gemüsesuppe **coq au vin** [kɔk o vɛ̃] Hahn in Weinsauce **grand amateur de vin** [grɑ̃tamatœr də vɛ̃] Weinliebhaber **gratuit** [gratɥi] kostenlos **découragé devant tant d'avarice** [dekuraʒe d(ə)vɑ̃ tɑ̃ davaris] entmutigt von so viel Geiz

Exceptionnellement … parce que c'est vous … mais ne le dites à personne …» **murmure** le patron et grand caviste.

– « Eh bien quoi, Passion ? » veut savoir le vieil **avare**.
– « J'ai ouvert plusieurs bouteilles **pour la cuisson**, et la dernière, elle est encore … alors si vous voulez, je vous **offre** le reste … » propose le patron, très satisfait de son idée. Il sourit de son plus beau sourire.
– « Ah ! Vous voilà enfin **généreux**, pour une fois.» dit seulement Grippesous, sans remercier.
– « Vous allez voir, il est excellent … Il n'y en a pas d'autres comme celui-là. On le boit une fois et après on ne dit plus rien … un poème … une ode … » M. Passion court chercher « le poème », « l'ode » …

Chapitre XIII

Sétout est assis dans son **coin** et observe discrètement la clientèle. Il a entendu la description du vin – seulement la **description** – et demande aussi un « Côtes de Brouilly ».

– « Prenez une demi-bouteille, Monsieur … » lui dit le patron.

Grisette s'approche, elle veut sentir le commissaire : elle ne connaît pas ce nouveau client. Mme Passion la rappelle tout de suite. Les clients parlent fort, rient.

Grippesous mange et boit vite, très vite, il pense : « Comme ça, M. Passion même s'il **change d'avis**, ne va pas

---

murmure [myʀmyʀ] flüstert **avare** [avaʀ] Geizhals **(vin) pour la cuisson** [vɛ̃ puʀ la kɥisɔ̃] Wein zum Kochen **offre** [ɔfʀ] schenke **généreux** [ʒeneʀø] großzügig **coin** [kwɛ̃] Ecke **description** [dɛskʀipsjɔ̃] Beschreibung **change d'avis** [ʃɑ̃ʒ davi] seine Meinung ändert

pouvoir reprendre sa bouteille ! » Mais tout à coup, il a envie de vomir. Il va aux toilettes, il marche lentement … Quand il revient, il est en sueur … Il **titube et s'écroule**. Les autres invités pensent qu'il a trop bu et sourient.

- « Police … **Que personne ne sorte** ! » crie Sétout qui a compris … Il montre sa carte de service et s'occupe de Grippesous. Il appelle le SAMU et regarde dans les poches du vieil homme. Grippesous a un peu d'argent et ses papiers sur lui.
- « Mon Dieu, ça recommence » dit Mme Passion.
- « Tout va bien ma chérie … » M. Passion veut **rassurer** sa femme.
- « C'est trop tard » dit le médecin du SAMU, « on ne peut plus rien faire. »
- « Il est mort, vous voulez dire ? » demande Passion.
- « Oui » répond Sétout. « M. Passion, puis-je **m'installer** dans votre appartement privé quelques instants pour poser quelques questions ?»
- « Certainement commissaire, c'est au premier, faites comme chez vous ! » répond le patron du restaurant.

Sétout monte et appelle le collègue qui a fait des **recherches** sur le personnel et les habitués du restaurant. Il apprend que Gaston Jeunesse …

---

titube et s'écroule [tityb e sekʀul] wackelt und stürzt **Que personne ne sorte !** [kə pɛʀsɔn nə sɔʀt] Niemand verlässt den Raum! **rassurer** [ʀasyʀe] beruhigen **s'installer** [sɛ̃stale] *hier*: sich hinsetzen **recherches** [ʀ(ə)ʃɛʀʃ] Nachforschungen

Chapitre XI

Le lendemain, à la **P.J.**, le commissaire Sétout commence son **interrogatoire**.

– « M. Jeunesse, vous avez tout intérêt à me dire **toute la vérité**, tout de suite. » **menace** le commissaire.
– « Je ne comprends pas ... » commence Jeunesse.
– « Nous savons que vous êtes un joueur passionné, votre femme vous a quitté à cause de ça. Nous savons que M. de Grippesous qui est le très riche **propriétaire** de l'immeuble et du restaurant – vous a **prêté** de l'argent. »
– « M. le commissaire ... » recommence le serveur.
– « Ce n'est pas tout. Nous savons aussi que M. Grippesous est mort parce que son vin a été empoisonné. Alors, je vous le dis encore une dernière fois : **avouez** que vous avez tué M. de Grippesous pour **ne pas rembourser vos dettes**. »
– « Mais M. le commissaire ... » insiste Gaston.
– « Jeunesse, avouez ... c'est mieux pour vous ... »
– « Mais M. le commissaire ... » répète Gaston Jeunesse.
– « Avouez donc avoir tué votre propriétaire. »
– « Mais M. le commissaire, ce n'est pas vrai, je n'ai pas tué Grippesous » arrive enfin à crier Gaston Jeunesse. « Ce n'est pas vrai. Je n'ai tué personne ! » Sa voix **tremble** puis tout son **corps**. Il se calme, il dit à voix basse :

P.J. [peʒi] **Police judiciaire** Kriminalpolizei **interrogatoire** [ɛ̃teʀɔgatwaʀ] Verhör **toute la vérité** [tut la veʀite] die ganze Wahrheit **menace** [mənas] droht **propriétaire** [pʀɔpʀijetɛʀ] Besitzer **prêté** [pʀete] geliehen **avouez** [avwe] gestehen Sie, geben Sie zu **(pour) ne pas rembourser vos dettes** [puʀ nə pɑ ʀɑ̃buʀse vo dɛt] Schulden nicht zurückzuzahlen **tremble** [tʀɑ̃bl] zittert **corps** [kɔʀ] Körper

– « M. le commissaire, je vais vous **faire un aveu** ... Oui, **j'avais besoin** de 25000 € que **je devais** à Grippesous. Alors, j'ai eu l'idée de mettre un léger poison dans les assiettes de quelques clients, juste pour faire un peu peur. Puis j'ai écrit la demande de rançon ... » raconte Jeunesse.

– « Mais je ne comprends pas ... » dit Sétout.

– « Oui, les Passion n'ont pas répondu ... alors, j'ai recommencé à mettre un peu de poison – rien de grave ... Je le regrette et **j'ai honte** de moi ... » explique Jeunesse.

– « Après vous avez mis un poison plus fort pour Grippesous ... » complète le commissaire.

– « Mais M. le commissaire, jamais je n'ai mis de poison dans son verre. Non, non, non et non, jamais. Je le jure. »

M. Sétout ne montre pas de réaction.

– « **Emmenez-le dans sa cellule**, ça va le faire réfléchir, on verra demain. » dit-il en remontant ses lunettes et plissant son gros nez. « **Passez une bonne nuit, ça porte conseil** ! »

Chapitre XII

Le lendemain, le commissaire Sétout retourne au « Moulin-à-Vent » pour terminer son enquête.

– « Bonjour M. le commissaire, comment allez-vous ? » lui demande Mme Passion.

– « Bien, merci Madame. Je voudrais parler à votre mari. Il est là ? J'ai encore quelques questions à lui poser. »

---

faire un aveu [fɛʀ œ̃ avø] ein Geständnis ablegen **j'avais besoin de ...** [ʒavɛ bəzwɛ̃ də] ich benötigte **je devais** [ʒə d(ə)vɛ] ich schuldete **j'ai honte** [ʒɛ 'ɔ̃t] ich schäme mich **Emmenez-le dans sa cellule** [ɑ̃m(ə)ne lə dɑ̃ sa selyl] führen Sie ihn in seine Zelle **Passez une bonne nuit, ça porte conseil !** [pɑse yn bɔn nɥi sa pɔʀt kɔ̃sɛj] Kommt Zeit (hier Nacht), kommt Rat

– « Ah bon, répond Mme Passion, surprise, est-ce que je ... »
– « Non, non » l'interrompt M. Sétout « c'est à votre mari que je veux parler. »
– « Il est dans notre appartement. » dit Mme Passion.
– « Merci, Madame, je connais le chemin. »

Madame Passion s'installe de nouveau derrière sa caisse et regarde M. Sétout qui monte l'escalier. Curieuse, Grisette l'accompagne. Au premier étage, il entend une voix qu'il connaît bien. Il s'arrête devant la porte. **Il n'en croit pas ses oreilles**, c'est la voix de **Columbo** son acteur préféré. Sétout réfléchit : **lumière dans sa caverne** ! La voix de Columbo dit : « Et ensuite, vous avez mis du poison dans le vin de votre propriétaire, n'est-ce pas ? »

Sétout ouvre la porte de M. Passion qui regarde tranquillement son film. « M. Passion, **vous êtes en état d'arrestation pour assassinat sur la personne de** M. de Grippesous » déclare le commissaire.

M. Passion, **stupéfait**, demande **sans hésiter** une seconde : « Comment avez-vous trouvé ? »

– « Ce n'est pas moi, c'est Columbo ! Dans le film, l'**assassin** a fait la même chose que vous. Et vous êtes le seul à vous occuper du vin.» Sétout est content de lui. « Mais pourquoi avez-vous tué votre propriétaire ? » Passion sous le choc de son aveu spontané, répond **d'une voix saccadée** : « Ce vieil avare ... Il **voulait** nous mettre à la porte ... vendre

---

Il n'en croit pas ses oreilles [il nɑ̃ kʀwa pɑ se ɔʀɛj] er glaubt seinen eigenen Ohren nicht **Columbo** [kɔlɔ̃bo] *Inspektor der Mordkommission in Los Angeles. Held der gleichnamigen amerikanischen Krimiserie* **lumière dans sa caverne** [lymjɛʀ dɑ̃ sa kavɛʀn] es fällt ihm wie Schuppen von den Augen **vous êtes en état d'arrestation pour assassinat sur la personne de ...** [vuzɛt ɑ̃neta daʀɛstasjɔ̃ puʀ asasina syʀ la pɛʀsɔn də] ich verhafte Sie wegen Mordes, begangen an ... **stupéfait** [stypefɛ] verblüfft **sans hésiter** [sɑ̃ezite] ohne zu zögern **assassin** [asasɛ̃] Mörder **d'une voix saccadée** [dyn vwɑ sakade] mit bebender Stimme **voulait** [vulɛ] wollte

l'immeuble à … une grande **chaîne** … **de fast-food** … Il voulait encore plus de profit … Mais nous, Odette et moi, qu'est-ce qu'on fait ? On est trop vieux pour recommencer … »

M. Passion pleure. « Le restaurant, c'est notre vie … »

Sétout regarde le vieil homme et se demande : que **dirait** Columbo ? Le détective américain trouve toujours les mots justes.

---

chaîne de fast-food [ʃɛn də fastfud] Schnellimbisskette **dirait** [diʀɛ] würde … sagen

Le commissaire a peur

Vorwort

Es ist kalt. In einer unheimlich wirkenden Landschaft ereignen sich seltsame Dinge. Ein im Umgang mit Verbrechern erfahrener Kommissar fühlt sich bedroht, in die Enge getrieben. Eine ausweglose Situation? Er gerät in Panik.

Die Hauptpersonen dieser Geschichte sind:

Marc Sétout
Pariser Kommissar auf Urlaub.

Patience
Freundin von Marc Sétout.

Mademoiselle Laglue
Eine alte, merkwürdige Frau.

Coco und Max
Zwei Katzen, Lieblinge von Mlle Laglue.

Benjamin
Wer Benjamin ist, müssen Sie selbst herausfinden.

Ort der Handlung: Eine gespenstische Landschaft in den Schluchten der Dourbie in Südfrankreich, in der Nähe der Stadt Millau.
Zeit der Handlung: Eine Nacht im Frühsommer.

– « Viens Patience, on repart, » dit Marc Sétout à son amie. Ils remontent dans leur voiture. Il tourne la clé pour démarrer la voiture. Rien. Il recommence, la voiture fait quelques bruits mais ne bouge pas.
– « **Tu ne vas pas me faire le coup de la panne**, » dit en riant Patience « à notre âge, c'est ridicule ! »
– « J'ai au moins choisi un joli paysage ! **Les gorges de la Dourbie** ! C'est romantique. » Marc ne se laisse pas décourager.
– « La nuit, je trouve ça moyennement romantique, tu vois. Nous roulons depuis des heures et nous n'avons pas rencontré une seule voiture. Est-ce que tu sais au moins où on est ? Moi, je suis fatiguée, la visite de **la grotte de Dargilan**, plus toutes **les gorges de la Jonte**, **ça m'a crevée** ! »
– « Bien sûr que je sais où on est : juste à côté de **Cantobre**, tu te rappelles, on l'a visité hier. Non ? Mais si, c'est ce village tout en haut du rocher. Celui où tu as pris quelques **graines** pour **semer** sur ton balcon … »
– « Oui, je mélange tout … Dis, c'est toi qui vas au village pour chercher un mécanicien ? Il fait déjà noir. »
– « Mais, on n'a pas besoin de mécanicien. Je vais regarder dans le moteur, c'est sûrement un détail. »

Marc Sétout cherche sa **lampe de poche**, ouvre le **capot** de la voiture. Tout est normal … sauf la **courroie de transmission** :

Tu ne vas pas me faire le coup de la panne [ty nə va pɑ mə fɛʀ lə ku də la pan] du wirst wohl nicht den Trick mit der Panne anwenden **Les gorges de la Dourbie** [le gɔʀʒ də la duʀbi] Schluchten der „Dourbie", *in der Nähe der Stadt Millau* **la grotte de Dargilan** [la gʀɔt də daʀʒilɑ̃] *bekannte Höhle* **les gorges de la Jonte** [le gɔʀʒ də la ʒɔ̃t(ə)] Schlucht der „Jonte" **ça m'a crevée** [sa ma kʀəve] hat mich fertig gemacht **Cantobre** [kɑ̃tɔbʀ] *malerisches Hochdorf auf einem Felsvorsprung, sehr touristisch* **graines** [gʀɛn] Samen **semer** [s(ə)me] einsäen **lampe de poche** [lɑ̃p də pɔʃ] Taschenlampe **capot** [kapo] Motorhaube **courroie de transmission** [kuʀwa də tʀɑ̃smisjɔ̃] Keilriemen

elle est cassée. Il se rappelle le grand bruit, juste avant de s'arrêter : la courroie de transmission. Bien sûr dans le guide du parfait mécanicien, dans la rubrique « aide-toi toi-même » il a lu qu'un **collant** de femme peut remplacer une courroie mais Patience a mis un collant Yves Saint-Laurent pour aller dans ce restaurant chic, à Millau, ce midi. Elle ne va sûrement pas être d'accord pour le donner. Il fait déjà nuit, on ne voit pas bien dans le moteur … Il se décide à demander de l'aide mais **le téléphone portable est dans un trou** … Ça ne marche pas.

- « Patience, je vais monter au village pour aller chercher de l'aide. Tu veux venir avec moi ? » demande Sétout qui n'a pas envie de faire un si long chemin tout seul dans le noir.
- « **Tu es fou**, j'ai mes **escarpins et une robe étroite**. Je ne peux pas faire de la marche. Je t'attends dans la voiture. »

Elle lui pose un gros baiser **sur la joue**.

- « Dépêche-toi, je ne veux pas passer la nuit ici. » Elle s'installe confortablement pour dormir.

Sétout est déçu mais il se met en route vers le village. Justement, il y a encore beaucoup de lumières allumées. Pour se donner du courage, il chante : « Un kilomètre à pied, ça use, ça use, un kilomètre à pied, **ça use les souliers**. Deux kilomètres à pied … »

---

collant [kɔlɑ̃] Strumpfhose **le téléphone portable est dans un trou** [lə telefɔn pɔʀtabl ɛ dɑ̃zœ̃ tʀu] das Handy ist in einem Empfangsloch **Tu es fou** [fu] du bist verrückt **escarpins et une robe étroite** [ɛskaʀpɛ̃ e yn ʀɔb etʀwat] Pumps und enges Kleid **sur la joue** [syʀ la ʒu] auf die Wange **ça use les souliers** [sa yz le sulje] es nutzt die Schuhe ab (*Traditionelles Wanderlied*)

Chapitre II

Patience ferme les yeux. Elle pense à tout et à rien. Elle s'endort et se rappelle le jour où elle a vu pour la première fois son ami. Cela **se passait à Paris**, quelques mois plus tôt, en décembre, dans un restaurant. Elle se rappelle encore son nom : « Le Moulin-à-Vent ».

– « Police ... Que personne ne sorte ! » Patience se rappelle vaguement ce qui s'est passé : l'**empoisonnement** d'un client. C'est la **voix** du commissaire Sétout qui l'a fascinée. Deux semaines plus tard, ils sont sortis ensemble.

Bien sûr, ce n'est pas facile de vivre avec quelqu'un qui a été si longtemps **célibataire**, qui est habitué à vivre seul, qui rentre à des heures irrégulières. Elle aime cet homme original. Il porte toujours un pull par dessus une chemise et une cravate avec des couleurs qui ne vont pas ensemble. Elle sait maintenant qu'il porte une **perruque**. Ça lui est égal. Elle aime sa voix, son humour. Comme lui, elle est fan d'Astérix et Obélix et du lieutenant Columbo.

A la maison, Marc lui parle de son travail, ça lui fait du bien. Patience l'écoute avec intérêt. Parfois, **elle a peur**. Peur pour lui. Elle a peur pour eux deux. Peur ...

Elle se réveille brusquement, et pendant quelques secondes, elle ne sait plus où elle est. Qu'est-ce qu'elle fait dans cette voiture, toute seule, en pleine nuit ? Elle regarde sa montre. Cela fait trois heures que Marc est parti. Il n'y a plus

---

se passait à Paris [sə pasɛ a paʀi] fand in Paris statt **empoisonnement** [ɑ̃pwazɔnmɑ̃] Vergiftung **voix** [vwɑ] Stimme **célibataire** [selibatɛʀ] allein stehend **perruque** [peʀyk] Perücke **elle a peur** [ɛl a pœʀ] sie hat Angst

de lumières dans le village. Que se passe-t-il ? Patience est inquiète. Elle a peur.

Chapitre III

Sétout est fatigué. Ça monte pour aller à Cantobre. Il chante une autre chanson : « Un éléphant, ça trompe, ça trompe, un éléphant ça trompe énormément. Deux éléphants … ». Il regarde son portable, peut-être que maintenant **dans les hauteurs**, il va pouvoir téléphoner. **Les piles sont à plat**. Alors, il continue sa route et regarde **les lumières** des maisons qui peu à peu **s'éteignent**. La nuit devient de plus en plus noire. La lumière de sa lampe devient de plus en plus faible. Il est de plus en plus fatigué. Il a de plus en plus chaud. Son cœur **bat** de plus en plus vite. La route monte de plus en plus. **Il a de moins en moins de courage**.

Pour s'occuper l'esprit et ne pas penser au danger, il regarde **le ciel et les étoiles**. Il reconnaît Sirius qui brille et **la Grande Ourse**. Il cherche la Petite Ourse mais ne la trouve pas et puis ça lui est égal. Il est presque arrivé.

Au bout de la rue, une petite fenêtre est encore allumée. Malheureusement sa lampe ne marche plus, maintenant. Il la met dans sa poche et cherche à nouveau la lumière de la maison. Elle est éteinte. Sétout devient nerveux. Il se dépêche.

Tout en haut du village, il y a **une tache blanche**. Il marche vers elle. La tache blanche est une **pancarte** : « Maison à

---

dans les hauteurs [dɑ le 'otœʀ] auf der Anhöhe **Les piles sont à plat** [le pil sɔ̃ a pla] die Batterien sind leer **les lumières … s'éteignent** [le lymjɛʀ setɛ̃ɲ] die Lichter gehen aus **bat** [bɑ] klopft **Il a de moins en moins de courage** [il a də mwɛ̃ ɑ̃ mwɛ̃ də kuʀaʒ] er hat immer weniger Mut **le ciel et les étoiles** [lə sjɛl e lezetwal] Himmel und Sterne **la Grande Ourse** [la gʀɑ̃d uʀs] der Große Bär **une tache blanche** [yn taʃ blɑ̃ʃ] weißer Fleck **pancarte** [pɑ̃kaʀt] Schild

vendre … » Mais là, oui, juste là, il y a une lumière. Il monte sur le **perron**. Il frappe à la vieille **porte de bois**. Il attend, il regarde le ciel. Il croit même avoir trouvé la Petite Ourse. « C'est un signe de chance » pense-t-il.

Chapitre IV

Sétout est **impatient**. Il écoute et entend quelqu'un marcher dans la maison. Il frappe une deuxième fois. Une **voix** de femme toute **tremblante** lui répond :

– « Tout de suite, voilà, voilà ! »

Il entend des **bruits de verrous, de clés, de chaînes**. Ça dure un moment. Il pense que la femme doit être très vieille. Une toute petite femme aux **cheveux** tout blancs, **relevés en un chignon**, et avec des lunettes sur le bout du nez lui ouvre lentement la porte. Elle lui sourit.

– « Bonsoir jeune homme, entrez. »

Sétout entre, il est étonné. La vieille femme est l'image de la grand-mère traditionnelle. Il cherche des yeux **les aiguilles et le tricot** et puis le chat qui joue avec la **pelote de laine**. Tout est bien là : le tricot est posé sur une chaise et **un gros chat roux mord dans** la pelote.

– « Max, arrête, laisse mon tricot ! » dit la grand-mère doucement.
– « Madame, excusez-moi de vous **déranger**, ma voiture est en panne, en bas, sur la route, est-ce que je … »

---

perron [peʀɔ̃] Stufe **porte de bois** [pɔʀt də bwɑ] Holztür **impatient** [ɛ̃pasjɑ̃] ungeduldig **voix tremblante** [vwɑ tʀɑ̃blɑ̃t] zitternde Stimme **bruits de verrous, de clés, de chaînes** [bʀɥi də veʀu də kle də ʃɛn] Geräusche von Riegeln, Schlüsseln, Ketten **cheveux relevés en un chignon** [ʃ(ə)vø ʀ(ə)ləve / ʀəl(ə)ve ɑ̃ œ̃ ʃiɲɔ̃] Haare in einem Knoten hochgesteckt **les aiguilles et le tricot** [le zegɥij e le tʀiko] Stricknadeln und Strickzeug **pelote de laine** [p(ə)lɔt də lɛn] Wollknäuel **un gros chat roux mord dans …** [œ̃ gʀo ʃa ʀu mɔʀ dɑ̃] ein dicker roter Kater beißt in … **déranger** [deʀɑ̃ʒe] stören

– « Sur quelle route ? La **D 157** ? Mais c'est très loin, vous avez beaucoup marché, asseyez-vous d'abord. C'est **gratuit** et ça fait du bien. »

Elle fait descendre un superbe chat noir du fauteuil noir.

– « Descends, Coco, laisse la place au Monsieur. »

– « Ce n'est pas la peine, Madame, je voudrais juste … » essaie de dire Sétout.

– « Non, non, je ne vous écoute pas si vous ne vous asseyez pas, jeune homme. »

– « Merci, je ne veux pas vous déranger ! Je voudrais juste télé … » essaie Sétout une seconde fois et puis il s'assied.

– « **Enlevez** votre veste, il fait bon ici. » La vieille dame lui sourit.

– « Non, je voudrais juste téléphoner. Avez-vous un **annuaire téléphonique** ? » dit « le jeune homme ».

– « Avec une veste, ce n'est pas pratique. Donnez-la-moi, jeune homme. Après je vous fais un thé ou peut-être un café ? Que préférez-vous ? » La vieille dame sourit toujours.

Sétout comprend que tout est sûrement plus simple et plus rapide s'il enlève sa veste et prend une boisson.

– « Un café avec du sucre et du lait » finit-il par dire.

La vieille dame sourit toujours :

– « Vous voilà enfin **raisonnable**. »

Elle part dans la cuisine. Il regarde les chats qui dorment et voit une lettre posée sur un meuble : « Nicole La**glue** ». C'est un nom bizarre mais qui lui va bien. Il regarde sa montre et il

---

D 157 [de sɑ̃ sɛ̃kɑ̃t sɛt] **route départementale:** *Straße, die vom Département unterhalten wird* **gratuit** [gʀatɥi] kostenlos **Enlevez …** [ɑ̃l(ə)ve] ziehen Sie … aus **annuaire téléphonique** [anɥɛʀ telefɔnik] Telefonbuch **raisonnable** [ʀɛzɔnabl] vernünftig **glue** [gly] = Kleister, Klette

se rappelle que Patience l'attend dans la voiture sur la départementale. Il veut se lever mais la vieille dame lui crie :

– « Restez assis, j'arrive tout de suite ! »

Elle arrive, pose le sucre sur la table, referme la porte d'entrée avec le verrou, la clé et la chaîne puis repart tranquillement dans la cuisine, sans dire un mot.

Chapitre V

Patience attend toujours dans la voiture mais elle ne peut plus dormir car un grand bruit l'a réveillée. Elle regarde le ciel : la **lune** a disparu derrière les **nuages**, il n'y a plus d'étoiles. Le vent fait bouger les arbres. Elle a l'impression qu'ils s'approchent de plus en plus de la voiture. **Des cris d'oiseaux** se mêlent à des bruits d'origine inconnue. Elle entend des pas, elle voit des **ombres**.

Pour se donner un peu de courage, Patience repense à tout ce que Marc lui a raconté à propos de son travail. Elle essaie de se souvenir des moments agréables passés avec Marc. Elle n'y arrive pas. Elle **chantonne** pour ne plus penser mais elle ne peut pas **chasser** ses idées noires.

Pourtant les vacances ont bien commencé, ils ont visité presque toute la région. Ils ont fait des promenades dans les gorges du Tarn. Ils ont vu La Couvertoirade, **une ville fortifiée fondée par les Templiers**. Ils sont même allés à Roquefort. Ils ont visité les **caves de fromage**. Ils y ont goûté le

---

lune [lyn] Mond **nuages** [nɥaʒ] Wolken **Des cris d'oiseaux** [de kʀi dwazo] Vogelschreie **ombres** [ɔ̃bʀ] Schatten **chantonner** [ʃɑ̃tɔne] summen **chasser** [ʃase] wegjagen **une ville fortifiée fondée par les Templiers** [yn vil fɔʀtifje fɔ̃de paʀ le tɑ̃plije] befestigtes Städtchen, vom Templerorden gegründet **caves de fromage** [kav də fʀɔmaʒ] Käsekeller

fromage de brebis. Non, ici, elle se sent menacée. **Elle** se cache le visage et **se bouche les oreilles**. Elle commence à pleurer. Elle ne veut plus rien voir, plus rien entendre. Elle se fait toute petite.

Chapitre VI

La grand-mère est lente. Sétout attend. Pour s'occuper, il regarde autour de lui. Il voit un catalogue, posé sur la commode. Il regarde un peu mieux, c'est un **catalogue d'armes**. Il veut le prendre mais, à ce moment, la vieille dame arrive avec le café.

– « Oh, les cuillères ! » s'excuse la grand-mère.

Elle va vers le **tiroir**, l'ouvre et prend deux cuillères, en donne une à Sétout qui se lève pour la prendre. Il reste debout très étonné : il vient de voir un petit revolver dans le tiroir.

– « Voulez-vous vous asseoir, jeune homme ! Vous êtes comme mon fils, vous ne pouvez pas rester tranquille ! D'ailleurs vous lui ressemblez. »
– « Merci … pour la cuillère et … le café, Madame, il est bien fort » **bégaie** Marc Sétout.
– « Il aime bien le café fort, Benjamin. Il s'assied toujours dans ce fauteuil quand il vient … Mais il ne vient pas souvent. » regrette la dame.

---

fromage de brebis [fʀɔmaʒ də bʀəbi] Schafskäse **elle se bouche les oreilles** [ɛl sə buʃ le ɔʀɛj] sie stopft sich die Ohren zu **catalogue d'armes** [katalɔg daʀm] Waffenkatalog **tiroir** [tiʀwaʀ] Schublade **bégaie** [begɛ] stottert

Sétout ne dit rien, il se dépêche de boire son café pour pouvoir téléphoner. Il est si tard. Il cherche des yeux un annuaire téléphonique mais il ne voit rien. **Il n'ose pas se lever**.

– « Reprends un peu de café Benjamin, il est pour toi. Tu sais moi, je n'aime que le thé ... » sourit la vieille dame.
– « Mais je ne suis pas ... » dit Sétout.
– « Non, on ne parle pas en buvant, fais plaisir à ta mère, bois ton café ! » dit la dame avec autorité.

Elle se lève et va jusqu'au tiroir, l'ouvre, prend rapidement quelque chose qu'elle met dans sa poche. Sétout ne peut pas voir ce que c'est.

– « Alors, parle-moi de toi, Benjamin, pourquoi ne viens-tu jamais me voir ? Tu oublies ta pauvre mère. Tu sais, je suis si seule depuis que ton père n'est plus là. Personne ne sait où il est. Il ne donne plus de ses nouvelles ... Pauvre Charles. »
– « Madame ... Je voudrais ... » dit Sétout.
– « Attends, je te tricote des chaussettes noires, essaie-les, mon chéri. » Elle donne une chaussette à Sétout. **Il la jette** et dit très énervé :
– « Je déteste le noir, je ne porte que des chaussettes avec des motifs d'Astérix et Obélix, je ne m'appelle pas Benjamin et je voudrais un annuaire téléphonique, tout de suite ! »
– « Mais Benjamin, ne crie pas si fort. Tu sais bien que les livres sont toujours avec les journaux, sur la commode. » dit gentiment la vieille dame.

---

il n'ose pas se lever [il noz pɑ sə l(ə)ve] er wagt nicht aufzustehen **Il la jette** [il la ʒɛt] er wirft ihn weg

– « Je vous remercie, Madame. »

Sétout se lève et cherche sous le catalogue d'armes, sous les journaux. Il ne trouve rien. Il s'énerve, regarde la vieille dame qui a sa main dans la poche.

– « Je ne trouve rien, Madame … »
– « Oh, Benjamin, je suis bête, c'est vrai, je n'ai pas d'annuaire. » La vieille dame rit très fort. « En plus, je n'ai même pas le téléphone ! »

Sétout, **furieux**, se lève et court vers la porte d'entrée. Elle est fermée. **Il** enlève la chaîne, **pousse le verrou** mais la porte est fermée à clé. La vieille dame arrête de rire.

– « Benjamin, je veux que tu restes avec moi. Tu ne peux pas partir maintenant. » Elle met sa main dans sa poche. « Regarde, tu ne peux pas partir parce que j'ai ça dans la main … Et ça c'est plus fort que toi … Même ton père … » lui crie la vieille femme et s'approche pour lui montrer le contenu de sa poche. Sétout **se précipite** sur la seule fenêtre, celle où il a vu la lumière, l'ouvre, saute dehors et court, court dans la nuit.
– « **Une folle**, une criminelle, c'est comme dans Hitchcock … » pense le commissaire. Après quelques minutes, **il s'arrête pour reprendre son souffle**. Puis continue jusqu'à la voiture.

---

furieux [fyʀjø] wütend **Il pousse le verrou** [il pus lə veʀu] er schiebt den Riegel zur Seite **se précipite** [sə pʀesipit] stürzt sich **Une folle** [fɔl] eine Wahnsinnige **il s'arrête pour reprendre son souffle** [il saʀɛt puʀ ʀ(ə)pʀɑ̃dʀ sɔ̃ sufl] er hält an, um wieder Luft zu holen

Chapitre VII

Patience est debout, une voiture de la gendarmerie est garée à côté de la Renault de Sétout.

– « Monsieur, là-haut, dans la dernière maison, il y a une folle, elle voulait m'**enfermer** ou peut-être même me **tuer** ! Elle croit que je suis son fils. Elle a sûrement tué son mari ... » Sétout est complètement énervé.
– « **Calmez-vous**, Monsieur, ce n'est rien, je la connais ... » dit le gendarme.
– « Mais non, elle a un revolver dans la poche ... Je connais les criminels, c'est mon métier, je suis commissaire à Paris. » Sétout ne comprend pas pourquoi le gendarme ne va pas arrêter directement cette vieille folle. Le gendarme continue à rire et dit :
– « **Vous vous trompez**, commissaire. C'est Mademoiselle Laglue, elle n'est pas mariée et n'a pas d'enfant. Elle a perdu son fiancé pendant la **guerre** et attend toujours son retour ... Elle vit dans son monde. Elle n'est pas **méchante**. »
– « Mais le revolver ? » demande Marc Sétout.
– « A son père, un **collectionneur d'armes** ... » explique le gendarme.
– « Mais elle l'a mis dans sa poche pour me menacer ... » dit Sétout qui pense que le policier est un véritable idiot.

---

enfermer [ɑ̃fɛʀme] einsperren **tuer** [tɥe] töten **Calmez-vous** [kalme vu] beruhigen Sie sich **Vous vous trompez** [vu vu tʀɔ̃pe] Sie täuschen sich **guerre** [gɛʀ] Krieg **méchante** [meʃɑ̃t] bösartig **collectionneur d'armes** [kɔlɛksjɔnœʀ daʀm] Waffensammler

– « Mademoiselle Laglue est très croyante et a toujours une **statue de la vierge à l'enfant** dans sa poche, elle pense que ça lui porte bonheur. C'est une amulette si vous voulez. L'été, elle essaie toujours de prendre contact avec les touristes et vit ses fantasmes ... Venez avec moi, nous allons lui rendre visite ... »
– « Non merci » dit Patience qui a encore plus peur après coup. « Vous connaissez un mécanicien ? Je voudrais partir tout de suite. »
– « Ici, il n'y a rien, j'ai une chambre libre à la maison, si vous voulez, vous êtes mes invités ... **Demain, on s'occupera de la voiture** ... » propose le gendarme.
– « Oui, oui, merci, très bien ! » s'enthousiasme Patience.

Sétout ne dit rien mais il est bien content que tout s'arrange. Ils montent dans la voiture de police. Il repense à la statue qui lui a fait peur et est pris d'un **fou rire nerveux**.

Le commissaire Sétout reste encore deux jours avec Patience dans les gorges du Tarn pour se remettre de ses émotions. Juste avant de repartir pour Paris, il lit une dernière fois le journal local, et un article l'intéresse tout particulièrement :

---

statue de la vierge à l'enfant [staty də la vjɛʀʒ a lɑ̃fɑ̃] Marienfigur **Demain, on s'occupera de la voiture ...** [d(ə)mɛ̃ ɔ̃ sɔkyp(ə)ʀɑ də la vwatyʀ] morgen werden wir uns um das Auto kümmern **fou rire nerveux** [fu ʀiʀ nɛʀvø] nervöser Lachanfall

Drame dans une maison isolée à Cantobre
Les policiers enquêtent.
La voiture d'un touriste est tombée en panne dans la nuit du 28 au 29 juin, il est monté au village pour téléphoner, puis est entré chez Mlle L., une vieille femme célibataire qui habite seule cette maison depuis 60 ans. On a retrouvé l'automobiliste mort, assis dans un fauteuil, à côté d'une tasse de café vide, une paire de chaussettes noires dans la main.
La vieille femme était à côté de lui avec une statue de la vierge à l'enfant. Elle a dit au policier : « Il est méchant, Benjamin, avec sa maman, il n'a pas voulu de café, il n'a pas voulu mettre ses chaussettes … » Mlle L. est internée dans le service de psychiatrie.

Sétout transpire, il a chaud et froid, il **blêmit**. Son journal **lui glisse des mains** …

blêmit [blemi] wird blass **lui glisse des mains** [lɥi glis de mɛ̃] fällt ihm aus den Händen

Festival fatal

Vorwort

Der mysteriöse Tod einer jungen Schauspielerin während der Festspiele im sonnigen Avignon bringt Kommissar Sétout in eine schwierige Situation.

Die Hauptpersonen dieser Geschichte sind:

Marie Aunette (Künstlername)
Schauspielerin. Sie steht kurz vor ihrem beruflichen Durchbruch.

Maguy Niole
Schauspielerin. Karrierebewusste Konkurrentin von Marie Aunette.

Alain Proviste
Regisseur.

Sacha Toneuff
Immobilienmakler. Ehemann der
30 Jahre jüngeren Marie Aunette.

Gricha Toneuff
Sohn von Sacha, Stiefsohn von Marie Aunette. Gricha hat sich verspekuliert.
Er benötigt dringend Geld.

Natacha Toneuff
Frau von Gricha. Sie äußert einen gefährlichen Verdacht.

Henri Valle
Exgeliebter von Marie Aunette. Er will sie um jeden Preis zurückhaben.

Fanny Peurien
Fan und Freundin von Marie Aunette.

Colin Pacdebal
Kommissar aus Avignon und Schulfreund von Sétout.

Marc Sétout
Kommissar aus Paris im Urlaub in Südfrankreich. Er möchte seinen Freund Sacha wiedersehen. Daraus wird nichts.

Patience Dange
Lebensgefährtin von Marc Sétout.

Ort der Handlung: Avignon.
Zeit der Handlung: Juli, während der Festspiele.

Chapitre I

– *« Ainsi, ma **Carmen**, tu veux bien me suivre, n'est-ce pas ? »*
– *« Oui, mais je ne veux plus vivre avec toi. Tu veux me **tuer**, je le vois bien ; c'est écrit. »*
– *« Je t'en prie, sois raisonnable. Ecoute-moi ! Tout le passé est oublié. C'est pour toi que je suis devenu **un voleur et un meurtrier**. Carmen ! Ma Carmen ! Laisse-moi te **sauver** et me sauver avec toi. »*
– *« José, tu me demandes l'impossible. Je ne t'aime plus ; et toi, tu m'aimes encore, et c'est pour cela que tu veux me tuer… »*

Un jeune homme énervé entre et crie :
– « Marie ! Mon père te demande, il va très mal. »
– « Gricha, je suis **en répétition** ! » répond la jeune femme.
– « José peut bien attendre, pas mon père. Il vient d'avoir un infarctus. » dit Gricha pressé.
– « Vas-y, Marie, je te remplace. » dit gentiment Maguy Niole, la **doublure** de Marie.
– « Merci. » répond Marie. Elle part avec son beau-fils. Ils traversent tout Avignon, et arrivent auprès du vieux père et mari, juste à temps pour lui dire adieu.

Chapitre II

Il est 11 heures du matin, il fait déjà 25°. Une voiture roule lentement, elle s'arrête sous les fenêtres des Toneuff.

Carmen [kaʀmən] *Hauptfigur der gleichnamigen Novelle von Prosper Mérimée (Paris, 1803–Cannes, 1870; Schriftsteller und Inspektor der historischen Denkmäler Frankreichs). Der zitierte Text ist der Novelle entnommen.* **tuer** [tɥe] töten **un voleur et un meurtrier** [œ̃ vɔlœʀ e œ̃ mœʀtʀije] ein Dieb und ein Mörder **sauver** [sove] retten **en répétition** [ɑ̃ ʀepetisjɔ̃] beim Proben **doublure** [dublyʀ] Ersatzschauspieler, zweite Besetzung

- « C'est ici. » dit Marc Sétout **en plissant le nez** pour remonter ses lunettes, qui glissent tout le temps.
- « Cette ville est vraiment magnifique. Tu as vu le **pont Bénezet**, le palais des Papes ? Exactement comme dans les catalogues de voyages. » constate Patience, la petite amie de Marc.
- « Tu vois bien que *ma* Provence est aussi jolie que *ta* Bretagne, et il y fait plus chaud ! » répond Marc. Il enlève son pull, qui ne va ni avec sa cravate ni avec sa chemise.
- « Oui, mais il y a moins de **verdure**. » répond Patience qui aime bien avoir le dernier mot.

Marc ne réagit pas. Il sait que c'est inutile.

- « Cela fait longtemps que je suis venu. Je suis heureux de revoir Sacha. Sa jeune femme est actrice. Elle joue le rôle de Carmen dans la nouvelle pièce d'Alain Proviste. J'ai une surprise pour toi : nous avons des invitations pour aller à la première. »
- « Oh ! Tu es un ange. Elle s'appelle comment, sa femme ? »
- « Marie Aunette. C'est son pseudonyme pour le théâtre. »
- « Ah ! Et ton copain ? »
- « Sacha Toneuff. Il descend d'une famille tsariste russe, émigrée en 1917. Et son fils s'appelle Gricha. Tout est dans la tradition russe. »
- « Ils ont un fils ? » interroge Patience.
- « Non, pas ensemble. C'est son fils à lui, d'un premier mariage. D'ailleurs, d'après la lettre de Sacha, Gricha ne s'en-

---

en plissant le nez [ɑ̃ plisɑ̃ lə ne] und zieht dabei die Nase kraus
pont Bénezet [pɔ̃ benəze] *pont d'Avignon (c'est le pont de la chanson „Le pont d'Avignon")* **verdure** [vɛʀdyʀ] Grün

tend pas avec sa belle-mère. Il faut dire qu'ils sont presque du même âge. »

Chapitre III

Patience Dange et Marc Sétout ne savent pas ce qui s'est passé chez leurs amis. Ils n'arrivent pas à un moment idéal. Lorsqu'ils sonnent, ils sont étonnés de voir Marie leur ouvrir la porte. Les présentations faites, la femme et le fils de Sacha expliquent le **décès** rapide et inattendu du vieil ami de la famille Sétout. Marc et Patience déposent leurs affaires dans la chambre d'amis.

– « Prenons un apéritif, ça va nous faire du bien. » propose Marie Aunette.
– « **Pastis** pour tout le monde ? » demande Gricha.
– « Oui, avec beaucoup d'eau. » corrige Patience.
– « Pour moi aussi. Je conduis. » s'excuse Marc.
– « Je vous remercie beaucoup pour les deux **cartons d'invitation** pour la première. »
– « Marie ne va pas jouer après-demain, à la première. » remarque Gricha.
– « Ne prends pas les décisions à ma place. Je n'en sais encore rien. *The show must go on*, comme on dit dans le milieu du spectacle. » répond **sèchement** l'actrice.
– « Sacha m'a écrit une très longue lettre pour me parler de sa vie, de sa famille. Nos deux familles se sont beaucoup

---

décès [desɛ] Tod **Pastis** [pastis] *Aperitif mit Anis, der mit Wasser verdünnt werden muss* **cartons d'invitation** [kaʀtɔ̃ dɛ̃vitasjɔ̃] Einladungen **sèchement** [sɛʃmɑ̃] trocken

fréquentées autrefois. Il était **fier** de vous, Marie, et de votre **réussite.** » intervient Marc.

– « Oui, **plus on vieillit, moins on est exigeant.** » commente Gricha.
– « Je crois que ce n'est pas le moment de faire des commentaires **méchants.** » lui reproche Marie, les **larmes** aux yeux.
– « Ce ne sont pas des commentaires méchants, ce sont des constatations objectives. » insiste le beau-fils.
– « Je **grignoterais bien quelques cacahuètes** ou quelques chips avec mon pastis. Je n'ai pas pris de petit déjeuner ce matin. » dit discrètement Patience, qui voudrait changer la conversation.
– « Oh ! Excusez-moi, je ne suis pas une bonne **maîtresse de maison.** »

Marie revient avec différentes sortes de chips.

– « Evidemment, il n'y a pas de cacahuètes. Madame n'a que ce qui lui plaît. » critique Gricha.
– « Tu sais bien que je ne les **supporte** pas et je n'ai plus d'**amandes** salées. Je ne peux pas manger de cacahuètes, ni de **noix** ni de **noisettes**. Je ne supporte que les amandes. » explique Marie aux amis parisiens.
– « Tout ça, c'est du cinéma ! Vous ne le savez pas, Marc, mais elle n'est pas seulement actrice de théâtre. Elle **fait** aussi **du cinéma** … dans la vie privée. » ironise Gricha.

Marie ne dit plus rien. Elle laisse Gricha faire la conversation.

---

fier [fjɛʀ] stolz **réussite** [ʀeysit] Erfolg **plus on vieillit, moins on est exigeant** [plyzɔ̃ vjeji mwɛ̃ ɔ̃nɛ ɛgziʒɑ̃] je älter, desto anspruchsloser **méchant(s)** [meʃɑ̃] böse **larmes** [laʀm] Tränen **grignoterais bien quelques cacahuètes** [gʀiɲɔt(ə)ʀɛ bjɛ̃ kɛlkə kakawɛt] würde gern Erdnüsse knabbern **maîtresse de maison** [mɛtʀɛs də mɛzɔ̃ / mezɔ̃] Hausfrau **supporte** [sypɔʀt] vertrage **amandes** [amɑ̃d] Mandeln **noix** [nwa] Walnüsse **noisettes** [nwazɛt] Haselnüsse **fait du cinéma** [fɛ dy sinema] stellt sich an

Chapitre IV

L'atmosphère chez les Toneuff est très **pesante**. Marc et Patience ne trouvent rien à dire pour **agrémenter** la conversation. Marc remonte ses chaussettes, qui ont des motifs de ses héros préférés Astérix et Obélix, c'est un tic quand il est énervé. Tout à coup, le téléphone sonne. Marie décroche.

– « Allô ! Maguy ... je crois que je vais reprendre la répétition ... c'est gentil ... non ... je vais faire la première, des amis de Sacha sont venus exprès pour me voir, et je crois que ça va me faire du bien ... Non, non, je me sens vraiment capable de jouer, tu n'as pas besoin de me remplacer ... Comment ça, tu as déjà le rôle ? J'arrive. »

Elle raccroche et regarde Marc et Patience :

– « Excusez-moi, je vais au théâtre. Alain Proviste, le **metteur en scène**, vient de donner le rôle de Carmen à Maguy Niole. Je ne peux pas accepter ça. C'est mon rôle, c'est le rêve de ma vie. »

La situation **ne s'arrange pas**.

– « Marie, nous vous déposons au théâtre. » dit Marc.

Patience et Marc, maintenant seuls dans la voiture, font le bilan de la journée. Patience résume la situation ainsi : « Brève excursion au pays **de la haine et de la jalousie** ». Sétout regarde son amie et lui dit :

– « C'est la vie ! »

---

pesant(e) [pəzɑ̃] bedrückend **agrémenter** [agʀemɑ̃te] angenehmer machen **metteur en scène** [metœʀ ɑ̃ sɛn] Regisseur **ne s'arrange pas** [nə saʀɑ̃ʒ pɑ] wird nicht besser **de la haine et de la jalousie** [də la 'ɛn e də la ʒaluzi] Hass und Eifersucht

– « Oui, tout fait partie de la vie, l'amour aussi, et même la mort. » philosophe Patience.

Chapitre V

Marie arrive au théâtre au moment de la pause. Elle court à la loge de Maguy Niole. Elle frappe à la porte et entre sans attendre la réponse.

– « C'est quoi, cette **histoire de fous** ? » demande Marie.
– « C'est une histoire très normale. Ton mari est mort. Tu ne peux pas jouer, alors je reprends ton rôle … » répond Maguy.
– « Qui a dit ça ? Je peux et je veux être Carmen sur scène. » Marie est énervée.
– « C'est l'idée d'Alain. Regarde, je suis la **gitane** idéale, et ce rôle **me va à merveille.** » Maguy montre ses longs cheveux noirs et sa **peau** brune.
– « Tu n'as vraiment pas de complexes et … »

Maguy ne la laisse pas finir de parler :

– « Quelle arrogance ! Je me sens bien dans ce rôle. Je n'ai même pas le **trac**. »
– « Comme prostituée, tu n'as même pas besoin de jouer. Tu restes toi-même, tu es parfaite. Et puis, le trac ne va qu'avec le talent ! Je garde ce rôle. Et je vais jouer, **coûte que coûte** ! Tu m'as bien comprise ! » **menace** Marie.

---

histoire de fous [istwaʀ də fu] *hier:* verrückte Geschichte **gitane** [ʒitan] Zigeunerin **me va à merveille** [mə va a mɛʀvɛj] passt großartig zu mir **peau** [po] Haut **trac** [tʀak] Lampenfieber **coûte que coûte !** [kut kə kut] koste es, was es wolle **menace** [mənas] droht

– « Tu n'es plus Carmen. Tu n'es plus rien. Carmen, c'est moi. » crie Maguy.
– « **On va bien voir !** » Marie part et claque la porte.
– « Oh ! **C'est tout vu !** » Maguy Niole est sûre d'elle. Alain Proviste est son amant.

Chapitre VI

– « Oh ! Henri, entre. » Marie est étonnée.
– « Je voudrais te présenter mes condoléances. » dit-il.
– « Merci. »
– « Marie, je sais, ce n'est pas le moment d'en parler, mais … »

Il hésite quelques secondes.

– « … je t'aime toujours et … »
– « **Tais-toi**. » répond Marie d'un ton sec.
– « … souviens-toi des temps heureux, de nous deux. » dit-il **d'une voix suave**.
– « Ecoute, Henri. C'est vrai. Nous avons connu le bonheur et je t'ai vraiment aimé, malgré ta jalousie qui m'a enfermée comme dans une prison. Tu m'as **étouffée**. »

Sa voix tremble. Marie s'arrête de parler. Elle se lève et va dans la cuisine boire un verre d'eau. Henri Valle reste là. Elle revient.

– « J'ai eu la chance de faire la connaissance de Sacha. Il m'a libérée de toi. Nous nous sommes bien entendus. J'ai aimé

On va bien voir ! [ɔ̃ va bjɛ̃ vwaʀ] wir werden es schon sehen **C'est tout vu** [sɛ tu vy] alles ist schon festgelegt **Tais-toi** [tɛ twa] schweig(e) **d'une voix suave** [dyn vwɑ sɥav] mit einschmeichelnder Stimme **étouffé(e)** [etufe] unterdrückt

sa **tendresse** prudente, sa gentillesse, sa tolérance. Il m'a donné un sentiment d'indépendance, de liberté. Sacha a partagé mon amour du théâtre. Il m'a permis de continuer ma carrière de comédienne. Il n'était pas jaloux. Nous nous sommes respectés. »

Marie n'en peut plus. Henri la prend dans ses bras.

– « Non ! Laisse-moi tranquille. »

Elle **le repousse**.

– « Il n'y a pas d'avenir pour nous. Pars maintenant, c'est mieux. »

Henri ne s'attend pas à une telle réponse. Il se lève brusquement. Il est furieux. Avant de quitter l'appartement, il se retourne et dit d'une voix basse :

– « Je pars pour mieux revenir. Au revoir. »

Marie Aunette pense à Carmen. Elle a peur. Bonne nuit, **Prosper Mérimée**.

Chapitre VII

– « Gricha, il y a une lettre pour toi, c'est la banque. Je l'ouvre ? » demande Natacha.

Gricha change de couleur. Il devient rouge puis **blanc comme un linge**.

– « Non. » Rapidement, il **arrache** la lettre **des mains** de sa femme. Natacha, surprise de la réaction violente de son mari, lui demande d'un ton ferme :

---

tendresse [tɑ̃dʀɛs] Zärtlichkeit **le repousse** [lə ʀ(ə)pus] stößt ihn zurück **Prosper Mérimée** *Schriftsteller und Inspektor der historischen Denkmäler Frankreichs (1803–1870)* **blanc comme un linge** [blɑ̃ kɔm œ̃ lɛ̃ʒ] *hier*: kreidebleich **arrache … des mains** [aʀaʃ de mɛ̃] reißt aus den Händen

– « Tu me **caches** quelque chose ? »
– « C'est … ce n'est pas … comment dire … voyons, enfin. »
– « Je suis ta femme. Dis-moi de quoi il s'agit. »

Il retrouve peu à peu son calme.

– « Je n'ai pas osé t'en parler, nous nous trouvons dans une situation financière très difficile. J'ai spéculé à la bourse et j'ai perdu beaucoup d'argent. »
– « Pourquoi ne m'as-tu rien dit ? Bon. Laissons tomber les **reproches**. Réfléchissons ensemble comment nous en sortir. Je vais te poser une question délicate, excuse-moi, mais c'est peut-être la solution du problème. Connais-tu le testament de ton père ? »
– « Je me suis déjà renseigné auprès du notaire : **ils ont fait une donation entre époux**. Marie est encore jeune, je ne peux pas attendre l'**héritage**, je n'ai pas le temps. » Il **soupire** et ajoute :
– « Ou alors, si … » Gricha sourit. Une idée prend forme dans sa tête.

Chapitre VIII

Après l'**enterrement**, Marie est déprimée. Pour se changer les idées, elle se promène dans la ville avec son amie Fanny Peurien, une vraie fan, qui lui a rendu visite dans l'après-midi et lui a apporté un bouquet de roses rouges. Elles ont mangé ensemble un gâteau aux amandes et bu un verre de vin blanc

---

caches [kaʃ] verschweigst **reproches** [ʀ(ə)pʀɔʃ] Vorwürfe **ils ont fait une donation entre époux** [ilzɔ̃ fɛ yn dɔnasjɔ̃ ɑ̃tʀepu] sie haben sich gegenseitig als Alleinerben des jeweils länger Lebenden eingesetzt **héritage** [eʀitaʒ] Erbschaft **soupire** [supiʀ] seufzt **enterrement** [ɑ̃tɛʀmɑ̃] Beerdigung

doux. Elles sont là, dans la **foule**. Marie n'a ni envie de s'amuser, ni de parler. Elle ne se sent pas bien et elle est fatiguée.

Marc et Patience se promènent, eux aussi, dans Avignon. Marc fait visiter sa ville à sa petite amie. Il a chaud sous sa perruque qu'il ne peut pas enlever. Il veut avoir l'air jeune pour Patience qui est pleine d'admiration pour lui. Elle l'a rencontré, **par hasard**, à Paris dans un restaurant : « Police ! Que personne ne sorte ! » Voilà sa première phrase. Depuis ce jour, elle partage la vie d'un commissaire de police, d'un Columbo parisien.

A la fin de la nuit, ils rentrent aussi heureux que fatigués chez Marie. Ils ne font pas de bruit pour ne pas réveiller la jeune femme. Soudain, le téléphone sonne. Marc décroche rapidement.

– « Monsieur Sétout, je suis contente de vous entendre, Marie … » dit une voix de femme.
– « Qui est à l'appareil ? Marie dort, je ne peux pas la réveiller. » répond Marc Sétout.
– « Non, elle ne dort pas, elle n'est pas chez elle non plus. Je suis Fanny Peurien. Marie est sous le pont d'Avignon. J'ai déjà appelé l'ambulance, mais il est trop tard. » Fanny pleure.
– « Expliquez-vous ! » dit Sétout.
– « Marie s'est sentie mal, près du Rhône … Elle est morte, Monsieur, vous comprenez … » La jeune femme raccroche.

---

foule [ful] Menge **par hasard** [paʀ 'azaʀ] zufällig

Sétout regarde Patience, elle a compris. Des larmes coulent doucement sur son visage. Elle est triste. Elle ne sait pas quoi dire.

– « Je sais, mon amour. Le devoir t'appelle. » lui dit-elle simplement.
– « Tu as oublié de me dire : *la vie avec toi n'est pas ennuyeuse, mais ce n'est pas une petite vie de famille tranquille.* » ajoute Sétout. Il oublie qu'il est en vacances. Il est déjà concentré sur son travail de policier.

Chapitre IX

– « C'est terrible ! Deux membres d'une famille meurent dans la même semaine. Marc, c'est bizarre. Bon. La mort de ton ami, ça va encore, vu ses **problèmes cardiaques**. Mais Marie ? Mourir si jeune ? Un jour avant sa première ? Non ! »
– « On va faire une autopsie. Mon collègue avignonnais **me tient au courant**, c'est un ancien copain d'école. C'est Colin Pacdebal. Moi, je pense à la dernière lettre que Sacha m'a écrite où il parle de la situation financière de son fils. Cela me rend fou. »

Marc remonte ses chaussettes et plisse le nez pour remonter ses lunettes. C'est très mauvais signe. Patience réagit aussitôt.
– « Marc, qu'est-ce que tu as sur le cœur ? »

---

problèmes cardiaques [pʀɔblɛm kaʀdjak] Herzprobleme **me tient au courant** [mə tjɛ̃ o kuʀɑ̃] hält mich auf dem Laufenden

– « Patience, c'est impensable. Il y a une relation entre la mort de Sacha et celle de Marie, et Gricha … et … et le testament de Sacha … Demander à Natacha, la femme de Gricha … Non … Attends … Le notaire est un ami d'enfance. Pour moi et pour la police, il peut peut-être oublier le secret professionnel … Je lui téléphone. »

L'entretien ne dure pas longtemps. Marc Sétout est tout blanc. Il compose le numéro de téléphone du commissaire Colin Pacdebal.

– « Bonjour, Pacdebal, Sétout à l'appareil. Tu as déjà les résultats de l'autopsie ? … Des amandes et des noisettes dans l'estomac … Anaphylaxie … choc allergique. »

Marc Sétout, commissaire en vacances dans le Midi, allume un cigare d'une main tremblante. Il se laisse tomber dans un fauteuil. Des **perles de sueur** lui coulent sur le front. Il remonte ses lunettes en plissant le nez. Il pose son cigare dans le cendrier.

– « Il faut qu'on se voie. J'ai des informations très inquiétantes. D'accord … Dans une heure. » Il se tourne vers Patience.
– « Tu sais où se trouve Gricha ? »

Chapitre X

Ils sont tous au commissariat. Sétout a eu la permission, non officielle, de participer à l'enquête.

---

perles de sueur [pɛʀl də sɥœʀ] Schweißperlen

– « Mon collègue avignonnais me permet de vous poser quelques questions, Gricha. Je viens d'avoir les résultats de l'autopsie. Votre belle-mère est morte à la suite d'un choc allergique : une anaphylaxie. Vous savez très bien que votre belle-mère ne supporte ni les noisettes ni les cacahuètes. Vous en avez même fait la remarque quand nous nous sommes rencontrés il y a quelques jours. Vous avez eu l'occasion et les moyens de tuer Marie. »
– « **Vous vous trompez**. C'est vrai que je n'ai pas tellement apprécié le mariage de mon père avec une si jeune femme. Je ne m'en suis pas caché. C'est vrai aussi que j'étais au courant de l'allergie de Marie. Mais dites-moi, quel est mon **mobile** ? »
– « L'argent. Tout simplement l'argent. Je me suis renseigné sur votre situation financière. Elle est désespérée. Je connais aussi le testament de votre père. Alors ... »
– « Attendez ! On vient d'enterrer mon père et vous m'accusez d'avoir tué ma belle-mère. Marc, vous me croyez vraiment capable d'un tel crime, vous qui connaissez si bien la famille ? »

Gricha **secoue** la tête. Marc le regarde longtemps avant de répondre.
– « Ce que je pense n'est pas important ... »

La sonnerie interrompt Marc Sétout.
– « Ah ! Natacha Toneuff ... Oui, il est là, je vous le passe. » Pacdebal donne le téléphone à Sétout.

Vous vous trompez [vu vu tʀɔ̃pe] Sie irren sich **mobile** [mɔbil] Motiv **secoue** [s(ə)ku] schüttelt

– « Bonjour, Natacha. Oui, c'est moi… C'est grave ce que vous dites. Vous accusez quelqu'un d'un meurtre. Gricha reste au commissariat pour l'instant. Je vous conseille vivement de lui trouver le meilleur avocat possible… Oui, je vous promets de m'intéresser de près à Maguy Niole. »

Il raccroche. Sétout ne sait plus où il en est. Dehors des enfants chantent :

Sur le pont d'Avignon,
On y danse, on y danse.
Sur le pont d'Avignon,
On y danse tout en rond.

Sétout sait seulement que l'affaire **ne tourne pas rond**.

Chapitre XI

Marc Sétout rentre. Il est déprimé. Pour la première fois de sa carrière, il est directement concerné par un crime. Patience essaie de le réconforter.

– « Il faut aussi penser à la rivalité entre Maguy et Marie … » dit-elle sans **conviction**.
– « Tu sais, chérie, j'aime beaucoup mon travail malgré toutes les horreurs que je vois. Mais cette fois-ci, c'est différent. Tu comprends ce que je veux dire ? » dit-il à Patience.

---

ne tourne pas rond [nə turn pa rɔ̃] läuft nicht wie vorhergesehen
conviction [kɔ̃viksjɔ̃] Überzeugung

Patience s'approche de lui, il la prend dans les bras. Sans mot dire. Peu à peu Marc retrouve son calme. Il sait qu'il a énormément besoin de Patience. Il pense à son vieil ami Sacha.

Contrairement à ses habitudes, Marc informe son amie des résultats de l'enquête de Colin. Au bout d'un long silence, Patience Dange explique :

– « Il y a une erreur quelque part. Imagine-toi la situation psychologique de Gricha. Son père vient de mourir. Bien sûr, il a de grosses difficultés d'argent, mais tuer quelqu'un de sa propre famille ? Non, vraiment, il n'est pas capable de commettre un tel crime. Je pense à quelqu'un d'autre, encore. »
– « Ah bon ! Raconte, je suis bien curieux de connaître ta version. » répond Sétout surpris.
– « Que savons-nous de la vie de Marie ? » demande Patience.
– « Peu de choses. Elle a adoré mon ami Sacha et … » explique Marc.
– « Tu sais avec qui Marie a vécu avant de connaître son mari ? » demande Patience.
– « Non, mais tu vas me le dire, n'est-ce pas ? » Sétout est curieux.

En vérité, il n'aime pas tellement que quelqu'un d'autre que lui pose des questions. Patience fait une pause pour s'assurer de l'attention de son ami.

– « Alors, c'est qui ? » demande-t-il impatient.
– « Henri Valle ! »
– « Qui ? » Sétout n'en croit pas ses oreilles.
– « Tout le monde sait qu'Henri Valle était terriblement jaloux de Sacha. J'ai entendu dire que, tout de suite après la mort de Monsieur Toneuff, Henri a tout fait pour que Marie vive de nouveau avec lui et revienne habiter chez lui, mais elle n'a pas voulu. C'est le criminel idéal, il a un mobile : la jalousie, il a l'arme du crime : il connaît l'allergie de Marie. Il a eu l'occasion de mettre son projet à exécution. C'est très clair, Henri Valle a tué Marie. »

Marc dit d'un ton **songeur** :
– « Après tout, pourquoi pas. C'est comme au théâtre : José tue Carmen, car il veut l'avoir pour lui tout seul et pour toujours. C'est l'ironie du **sort**. »

Chapitre XII

Evidemment, Patience et Marc ont peu de chances de pouvoir passer quelques jours seuls, loin des crimes et du bruit de Paris. Ils n'ont plus envie de rester en Provence, pays natal de Marc. Ils font donc leurs valises et remettent un peu d'ordre dans l'appartement de Marie avant de repartir. Sur le beau piano à queue se trouve un superbe bouquet de roses. Prudemment, Marc pose le vase sur la table de la cuisine pour en changer l'eau.

---

songeur [sɔ̃ʒœʀ] nachdenklich **sort** [sɔʀ] Schicksal

Une enveloppe, posée dans le bouquet, tombe par terre.

– « Tiens, voyons ce qui se trouve dedans. » dit Marc surpris.

L'instinct professionnel du commissaire s'est réveillé.

Il lit à haute voix :

– « Très chère amie et estimée Marie Aunette, permettez-moi d'offrir ce bouquet à une comédienne de grand talent. Je suis heureuse que vous ayez accepté de me recevoir pour prendre le café. J'ai fait un gâteau d'après une recette de ma grand-mère. Nous croyons en vous. Votre amie Fanny Peurien. »

Sétout court vers le **frigo** et prend les restes du gâteau de Fanny.

Un gâteau peut-être pas seulement aux amandes ? Aux noisettes ? Ou avec des traces de cacahuètes, comme cela arrive souvent ? Marc pense à la conversation entre Gricha et sa belle-mère le jour de leur arrivée. **Lumière dans la caverne** de Marc Sétout.

– « Je vais tout faire analyser. Tu sais ce que cela veut dire ? Tu le sais vraiment ? » demande-t-il à Patience.

– « Oui, moi non plus, je n'ai pas besoin d'attendre le résultat des analyses. » dit Patience troublée.

Marc plisse le nez pour remonter ses lunettes, qui glissent, il tire aussi sur ses chaussettes d'Astérix et Obélix, qui sont un peu descendues, puis il prend place dans un fauteuil. Il prend la main de Patience. Ils ne parlent pas. Mille pensées traversent leur esprit.

---

frigo [fʀigo] Kühlschrank **Lumière dans la caverne** [lymjɛʀ dɑ̃ la kavɛʀn] es fällt ihm wie Schuppen von den Augen

Sur le pont d'Avignon,
On y danse, on y danse.
Sur le pont d'Avignon,
On y danse tout en rond.

Funeste tragédie sous le pont d'Avignon.

Funeste [fynɛst] verhängnisvoll

Internetadresse: www.langenscheidt.de

Druck: Druckhaus Langenscheidt, Berlin-Schöneberg
Printed in Germany

ISBN-10: 3-468-**44451**-6
ISBN-13: 978-3-468-**44451**-7

2 3 4 5 * 09 08 07 06

Langenscheidt

Les enquêtes du commissaire Sétout

3 leichte französische Kurzkrimis
mit Übersetzungshilfen

Langenscheidt

Berlin · München · Wien · Zürich · New York